U0616216

◆时尚运动项目系列丛书◆

少儿定向运动教学指南

（1~4 年级）

主编◎吴云兰

西南交通大学出版社

·成 都·

图书在版编目（CIP）数据

少儿定向运动教学指南. 1～4 年级 / 吴云兰主编.
成都 ： 西南交通大学出版社，2025. 1. -- ISBN 978-7-
5774-0171-3

Ⅰ. G826-49

中国国家版本馆 CIP 数据核字第 2024U4G740 号

Shao'er Dingxiang Yundong Jiaoxue Zhinan（1～4 Nianji）

少儿定向运动教学指南

（1～4 年级）

主编 吴云兰

责任编辑　梁　红
封面设计　阎冰洁
出版发行　西南交通大学出版社
　　　　　（四川省成都市金牛区二环路北一段 111 号
　　　　　西南交通大学创新大厦 21 楼）
营销部电话　028-87600564　87600533
邮政编码　610031
网址　https://www.xnjdcbs.com
印刷　四川煤田地质制图印务有限责任公司
成品尺寸　146 mm×208 mm
印张　2.75
字数　76 千
版次　2025 年 1 月第 1 版
印次　2025 年 1 月第 1 次
书号　ISBN 978-7-5774-0171-3
定价　20.00 元

图书如有印装质量问题　本社负责退换
版权所有　盗版必究　举报电话　028-87600562

本书编写委员会

主　编：吴云兰

副主编：樊发璐　孙建安　代桂香　周开霞　吴立伟
　　　　赵　青　严　华　巫丽娟　张立强　晁永鹏
　　　　赵　娟　王　未

编　委（排名不分先后）：
　　　　欧阳建飞　曾祥飞　洪志刚　吴　慧　马守真
　　　　孟万文　毅　张　剑　方　新　王　霞
　　　　田超熊　陈　浩　关林志　陈晶晶　杨志腾
　　　　曹昌利　李　维　吴展红　谢礼根　王　法
　　　　刘　余　王　瑾　杨庆彬　欧志勇　朱昌华
　　　　肖竹丁　王　欣　李友春　黄长远　王西康
　　　　邓　丹　段　超　张利维

视频拍摄指导：王西康

特别鸣谢：

成都体育学院运动休闲学院

成都市海滨小学

foreword

序

在当今社会，科技飞速发展，生活节奏不断加快，孩子们参与户外运动的机会越来越少。为改变这一现状，我们精心编写了这本书，意在引导孩子们走出室内，拥抱自然，通过参与定向运动来增强体质，培养独立思考与解决问题的能力。

定向运动是一项参与者借助地图和指北针，综合运用地图阅读、路线规划策略以及应对体能挑战的"休闲时尚运动"。它不但能锻炼孩子们的身体素质，还能有效提升他们的空间认知能力与决策能力。本指南从基础的地图阅读技巧讲起，循序渐进深入到路线选择、时间管理、问题解决等进阶技巧，适用于不同年龄段的孩子学习和实践。

书中所用图片源自定向运动同仁、国际定向运动联合会、中国无线电和定向运动协会，在此向他们致以诚挚感谢，正是这些珍贵素材，让知识传递更生动直观。

我们期望通过这本书，让孩子们在玩乐中学习，在学习中成长，最终成为更自信、独立且健康的个体。让我们一同开启这段探索自然、挑战自我的旅程吧！

本书是"时尚运动项目系列丛书"之一。"时尚运动项目系列丛书"是依托成都体育学院优质教学、训练、科研等相关资源，统筹时尚运动项目社会资源，由成都体育学院和成都市部分小学共同编写的一套少儿时尚运动科普类图书。本套丛书共四册，分别是《少儿体适能教学指南（1~4年级）》《少儿攀岩运动教学指南（1~4年级）》《少儿定向运动教学指南（1~4年级）》《少儿陆地冰壶教学指南（1~4年级）》，丛书集知识性、实用性和趣味性于一体，我们希望通过这套丛书，能够让更多的人了解定向运动、攀岩、陆地冰壶等时尚运动，爱上时尚运动，从而更加健康、快乐地生活。

编　者
2023年10月

contents
目　录

第一章

认识定向运动

引　言

　　在日常生活中，无论是前往陌生城市出差、旅游，还是在本地购物
逛街，又或是遇到应急逃生等情况，我们常常会用到交通地图、城市旅游
图、商场导购图、酒店消防安全疏散图等各类地图。那么，你是否能够看
懂这些不同类型的地图，并凭借它们准确抵达目的地呢？掌握定向运动的
技能和方法，就能轻松找到"我在哪里？要去哪里？要怎么去？"这类问题
的答案。来吧，让我们一起开启有趣又充满挑战的定向之旅吧！如图1-1
所示。

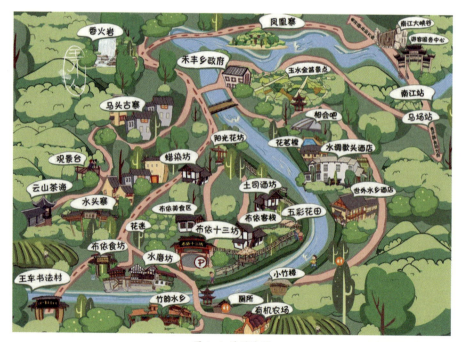

图 1-1　旅游地图

第一节 定向运动的概念

定向运动（Orienteering）是参与者借助地图（Map）和指北针（Compass），按地图上规定的线路顺序，自由选择行进路线并到访地图上所标示的各个检查点，用时短者获胜的一项体育运动。它集"智力"与"体力"于一体，是一项休闲时尚的体育运动。

一条标准的定向线路（Course）由一个起点（Start）、一个终点（Finish）和一系列检查点（Controls）构成。起点用三角形"△"表示，终点用双圆圈"◎"表示，检查点用单圆圈"○"表示。这些符号在地图上标有明确的顺序及代码，必经线路用虚线"-----"表示，标准线路符号均采用紫色。如图1-2所示。

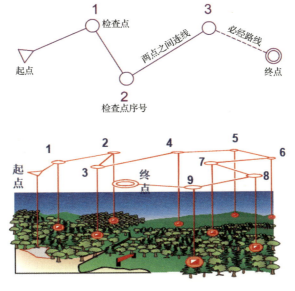

图1-2 线路标识检查点与实地对照

第二节　少儿参与定向运动的益处

一、助力身体发育，增强体质体能

定向运动是一项融合了智力与体力的体育运动，能有效提升少儿的身体素质。在参与过程中，少儿需在不同地形中奔跑、跳跃，这有助于其增强肌肉力量、提升心肺功能、促进骨骼生长发育，进而达到强身健体的目的。

二、开阔知识视野，激发智力潜能

通过定向运动的学习、训练以及竞赛，少儿能够广泛涉猎地理、军事、植物等多领域的基础知识。在实际操作中，他们将这些知识灵活运用，比如依据地理特征判断方位、借助植物特性辨别季节与气候等，显著提升知识应用能力。同时，在应对复杂环境与挑战时，少儿的生活生存技能得以提升，心理素质得到强化，自信心不断增强，探索求知的欲望也被充分激发，从而全方位促进智力发展。

三、亲近自然天地，舒缓身心压力

参与定向运动，少儿得以亲近自然、融入自然、探索自然。在大自然的怀抱中，他们感受山川河流、花草树木的美好，这种沉浸式体验能带来纯粹的快乐。在此过程中，少儿日常生活中的学习压力等负面情绪得以释放，身心深度放松，有助于保持积极乐观的心态。

四、增进人际交流，融洽伙伴关系

定向运动适合不同年龄段的人参与，对于少儿而言，在参与过程中，无论是与同学携手合作，还是与新结识的伙伴共同探索，都能在互动中增进对彼此的了解。在团队协作完成任务的过程中，少儿学会倾听他人意见、发挥自身优势，从而促进同学、朋友等关系融洽，提升人际交往能力。

五、培育综合素养，提升生活技能

参与定向运动能够有效培养少儿的团队精神，使其理解团队协作的重要性。同时，在面对复杂地图与路线选择时，少儿需要独立思考、分析利弊并决策，锻炼独立思考、分析与决策能力。此外，户外环境中的困难挑战，能助力少儿培养吃苦耐劳精神、树立环保意识，实现综合素养的提升。

在技能学习环节，少儿通过学习识别地图、判别方向，掌握了一项极为实用的生活导航技能，这对其未来出行与探索未知环境大有裨益。在学习户外知识及安全注意事项过程中，少儿逐渐树立安全意识，掌握如应对恶劣天气、处理简单伤口等安全技能。通过趣味定向学习，少儿能够模拟生活中可能遇到的危险场景，培养判断与处理危险情况的能力，为日常生活安全保驾护航。

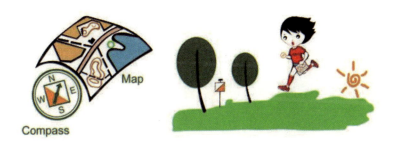

六、预防视力问题，守护眼部健康

参与定向运动时，少儿长时间处于户外自然环境中，少儿的眼睛能适度接触自然光，通过非直视光源的方式（如观察自然景物）调节视觉功能。相较于室内，户外视野开阔，眼睛可进行远近焦距调节，有效缓解疲劳。持续的户外活动有助于保护视力，对预防近视或控制近视度数增长有积极作用，切实守护少儿眼部健康。

七、促进亲子沟通，深化家庭关系

亲子共同参与定向运动，为家长提供了深入了解孩子的机会。活动中，家长能发现孩子的兴趣爱好，见证孩子面对问题时的思考与处理过程，更好地了解孩子的需求。通过亲子协作完成任务，家庭成员间的交流更频繁，合作默契逐渐提升，亲子关系得以深化，营造出温馨和谐的家庭氛围。

第三节 定向运动的渊源与发展

定向运动是一项融合智力与体力的体育运动，其起源颇为久远，最初源于军事体育活动。早在远古时期，人类在迁徙、狩猎等活动中，凭借自身对环境的认知和辨别方向的能力来确定行进路线，这可视为定向运动的雏形。历经100多年的发展演变，定向运动逐渐形成了如今的规范化赛事形式。

1919年3月25日，在瑞典斯德哥尔摩南部，被誉为"定向运动之父"的吉兰特组织了第一场正式的定向运动比赛。这场比赛吸引了217人踊跃参与，比赛路线全程12千米，途中精心设置了三个检查点。此次比赛标志着定向运动开始走向规范化、系统化，为其后续在全球范围内推广奠定了坚实基础。

随着时间的推移，定向运动在世界范围内的影响力不断扩大。在中国，定向运动的发展也有着清晰的轨迹。1979年3月，李志坚先生创建了香港野外定向会。1983年3月，原中国人民解放军体育学院在广州白云山举办了定向越野试验赛。这场试验赛犹如一颗火种，点燃了定向运动在中国发展的热情。众多体育爱好者开始接触并参与这项充满挑战与趣味的运动。

1995年7月，国家体委（现国家体育总局）在北京正式成立中国定向运动协会，这一举措极大地推动了定向运动的规范化、专业化发展。协会积极组织各类赛事、培训专业人才、推广定向运动知识。到了2018年12月，中国定向运动协会与中国无线电运动协会合并，更名为"中国无线电和定向运动协会"（）。合并后的协会整合了双方资源，进一步促进了无线电运动与定向运动的融合发展，为这两项运动开拓了更广阔的发展空间。

第四节　定向运动分类

国际定向运动联合会将定向运动划分为四大类：徒步定向（定向越野）、山地自行车定向、滑雪定向以及选标定向。随着项目发展，衍生出皮划艇定向、汽车定向等多种形式，这些未被国际定向运动联合会正式分类的项目统称为"其他定向"。如图1-3~图1-5所示。

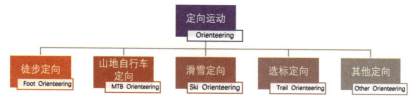

图1-3　定向运动分类

徒步定向　　　山地自行车定向　　　滑雪定向　　　选标定向

图1-4　国际通用定向运动专业项目标识（曾用）

徒步定向　　　山地自行车定向　　　滑雪定向　　　选标定向

图1-5　国际通用定向运动专业项目标识（现用）

一、徒步定向（Foot Orienteering）

徒步定向，即定向越野，是各类定向运动中组织相对简便、开展最为广泛的项目，因其休闲时尚的特质，深受大众喜爱。

什么是定向运动?

徒步定向运动的形式和比赛方式多种多样，可以根据活动场地、组织形式、比赛距离以及比赛时长进行分类（见图1-6）。

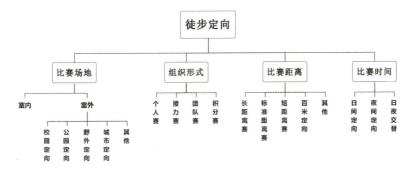

图 1-6　徒步定向运动分类

二、山地自行车定向（Mountain Bike Orienteering）

山地自行车定向（见图1-7）是一项巧妙融合定向运动与山地自行车运动的体育项目。相较于徒步定向，其所需场地更为广阔，行进区域的道路不仅数量多，还需形成网状结构，以便为运动员提供多样的路线选择。考虑到骑行时手持地图不便，运动员通常将地图固定在车头的地图板上，这对运动员的读图能力提出了更高要求。同时，出于环境保护的考虑，运动员全程不得离开规定路线。

山地自行车定向运动始于20世纪80年代，是国际定向运动联合会认可的专业项目中最年轻的成员。目前，世界山地自行车定向锦标赛每年举办一届，旨在推动该项目在全球范围内的发展与普及。

图 1-7　山地自行车定向（图片来源于 IOF）

三、滑雪定向（Ski Orienteering）

滑雪定向，顾名思义，是将定向运动与滑雪运动融合，运动员借助滑雪板在雪地上完成定向任务。由于其开展条件较为严苛，组织赛事通常需要多条规划合理的雪道。在我国，受气候与地理条件制约，目前滑雪定向赛事主要集中在北方地区（见图1-8）。

IOF 徒步与滑雪定向

图 1-8　滑雪定向

四、选标定向（Trail Orienteering）

选标定向，是一种在现地放置多个点标旗的运动形式。参与者需根据地图上标注的检查点位置，找出实地的正确点位。这种运动最初是为特殊人群特别设计的，但现在任何人都可以参与（见图1-9）。

选标定向

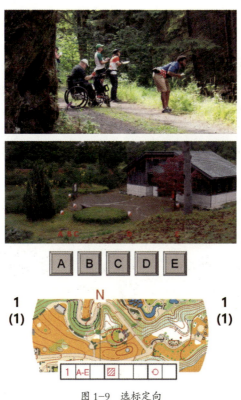

图 1-9 选标定向

五、皮划艇定向（Kayaking Orienteering）

皮划艇定向是一项融合定向运动与皮划艇运动的体育项目。参与者需同时具备熟练的皮划艇操控技术和出色的地图判读能力——熟练的皮划艇技术是比赛的基础，而在竞赛中，运动员需依据地图信息，在水域环境中规划合理路线、精准寻找各检查点。这一过程不仅考验其皮划艇操控技能，更对定向导航能力提出了较高要求。皮划艇定向和桨板定向都属于水上定向项目（见图1-10）。

图1-10　皮划艇定向

图1-11　桨板定向

第二章

定向运动的场地与装备

第一节　场地

目前，定向运动可在陆地与水域两大领域开展，场地的选择依据活动性质（如休闲娱乐或竞技比赛）有所不同（见图2-1~图2-4）。

一、休闲娱乐型场地

休闲娱乐性质的定向运动，既可以在室内开展，也能够在室外进行。这类场地的特点是具有广泛性、灵活性高且场地大小限制较小。

1. 室内场地

常见的有教室、室内运动场、地下停车场、商场以及儿童游乐园等场所。这些场所空间布局多样，能为参与者带来别样的定向体验。比如在商场中，可在确保安全的前提下，利用不同楼层和店铺分布设置检查点；在地下停车场，借助复杂的通道和车位规划路线。

2. 室外场地

涵盖范围十分广泛，包括校园、公园、广场、室外运动场、风景区、原始森林、丘陵山地以及草原等。在校园中，可结合教学楼、操场、花园等建筑与景观设计任务；公园凭借丰富的植被、湖泊和小道，提供多样化路线选择；原始森林、丘陵山地等自然环境，更增添定向运动的挑战性和趣味性，参与者需要应对复杂地形和多变的自然状况。

图 2-1　校园

图 2-2　山地

二、竞技型场地

相较于休闲娱乐型场地，竞技型场地的要求更为严格。在选择时，需综合赛事级别、参赛人数、参赛运动员水平等多方面因素，同时充分考虑定向运动的项目特征、交通可达性、安全性以及场地可容纳性。例如，对于高级别的国际赛事，场地不仅要具备丰富且复杂的地形，以考验顶尖运动员的技能，还需交通便利，方便运动员、观众及赛事工作人员的往来；场地的安全性更是重中之重，要确保比赛区域没有潜在的危险隐患，并且，场地的规模要能够容纳众多参赛人员和相关赛事设施。总之，只有通过全面且细致的考量，才能挑选出符合比赛级别及各项要求的优质比赛场地。

图 2-3　2018 年全国青少年定向锦标赛场地

图 2-4　2018 年全国定向锦标赛场地

第二节　装备

参加定向运动所需装备包括指北针、地图、点标旗、打卡器、适宜的服装和鞋等。

一、个人装备

（一）服装

参与定向运动，尤其是在野外复杂环境中时，合适的服装选择至关重要。理想的服装应具备诸多特性，以满足运动需求并应对自然环境挑战。

首先，服装需具备紧身且富有弹性的特质。紧身设计能有效减少衣物在运动中的累赘感，避免因衣物大幅摆动而干扰行动；弹性设计确保运动员在做出奔跑、攀爬、跨越障碍等大幅度动作时，身体能灵活舒展，不受束缚，保障动作流畅性与灵活性。快速干燥与良好的透气性同样不可或缺。定向运动通常运动量较大，运动员极易出汗，具备快速干燥性能的服装可使衣物上的汗水迅速蒸发，保持身体干爽，降低因衣物潮湿贴肤引发感冒、皮肤不适等风险。良好的透气性则能让空气在衣物与皮肤间自由流通，及时带走身体产生的热量，维持身体温度平衡，避免因闷热导致中暑或体能下降。

此外，鉴于野外环境中可能存在蚊虫叮咬及复杂植被，服装还应具备防蚊虫、抗钩挂及减少摩擦的功能。可选用防虫处理的面料抵御蚊虫侵袭；面料需坚韧光滑，既能防止被草木枝条钩挂、避免衣物破损，又能减少身体与草木的摩擦不适感，让运动员全身心投入定向运动，享受挑战乐趣（见图2-5）。

图 2-5　定向运动服

（二）鞋子

参与定向运动时，一双合适的鞋子是关键装备。理想的定向鞋需满足多种严苛需求。

一是轻便舒适。鞋子需具备轻便性，以减少运动员长时间行走、奔跑的体力消耗，使步伐轻盈敏捷，助力运动员迅速适应各种地形。同时，舒适性同样关键：鞋面材质与鞋垫设计需贴合足部轮廓，避免运动中产生挤压、摩擦，让双脚保持舒适状态，即便长时间穿着也不易疲劳。

二是出色的防滑性能。鉴于定向运动场地的复杂性，防滑是鞋子的核心性能。鞋底花纹设计极为讲究：需在上下陡坡时提供可靠抓地力，防止滑落；在光滑树叶、泥泞地面等场景中确保脚步稳固。理想的鞋底应采用凹凸有致的花纹设计，通过增加与地面的接触面积和摩擦力，如同为鞋底配备微小"抓钩"，实现强力抓地。若鞋底结合特殊橡胶材质、科学纹路布局等先进防滑设计，则能更好适应干燥岩石、潮湿草地、青苔小径等复杂地面，让运动员从容前行。

三是优良的透气性。高强度定向运动中，双脚极易出汗。透气性优良的鞋子能促进鞋内空气流通，及时散发湿气，保持足部干爽。这不仅能预防脚部异味、真菌感染等问题，还能让双脚保持清爽舒适，提升运动体验，为运动员在复杂的定向环境中提供稳定舒适的足部支撑，助力其专注应对比赛挑战（见图2-6）。

图 2-6　定向越野鞋

（三）指北针

指北针主要分为直板式和拇指式两类。部分指北针在有机玻璃盒内填充有起稳定作用的特殊液体，可增强磁针的稳定性，尤其适合在奔跑中使用（见图2-7~图2-9）。

图 2-7　普通拇指式指北针

图 2-8　专业拇指式指北针

图 2-9　直板式指北针

二、组织器材

（一）点标旗

点标旗作为定向运动的关键标识物，其设计与悬挂有着严格规范。它由三个呈三角形排列的正方形构成（每个边长30厘米），沿对角线分为两色：左上部为白色，右下部为橙红色。这种高对比度的色彩组合，能确保运动员在复杂环境中远距离清晰识别。

夜间定向运动中，为确保运动员能准确找到检查点，点标旗必须配备光源。光源的亮度与照射范围需经过科学设计，以在黑暗环境中既保持醒目，又不造成视觉干扰。

点标旗的悬挂位置必须精准，需严格对准地图标示圆圈的中心点，这是运动员依据地图定位目标的基础。悬挂方法主要分为桩式和无桩式：桩式悬挂时，点标旗上缘距地面不超过1米，下缘不低于0.4米，既便于运动员奔跑中识别，又避免过低被遮挡或过高难打卡；无桩式悬挂时，上缘距地面不超过1.2米，下缘不低于0.8米，该高度范围既保障醒目度，又符合无桩悬挂的场景需求，为运动员提供清晰的导向标识（见图2-10~图2-12）。

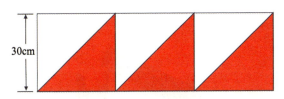

图 2-10　点标旗尺寸图示

图 2-11　点标旗不同放置方式

图 2-12　点标旗放置示意图

（二）打卡器

1. 机械打卡器（又称"针孔打卡器"）

针孔打卡器用弹性较佳的塑料制成。每个打卡器的一端都装有钢针，且每根钢针的组合图案都不同。运动员可使用这些打卡器在记录卡上打卡，或者直接在地图上的记录卡上打卡。这种打卡器价格实惠，操作简单，适合在日常教学、训练以及一些小型比赛中使用（见图2-13、图2-14）。

图 2-13　机械打卡器

姓名：	学号：	组别：	出发批次：	出发时间：		到达时间：		共用时：
1	2	3	4	5	6	7	8	9	10
11	12	13	14	15	16	17	18	19	20

图 2-14　传统自制检查卡

2. 电子打卡计时系统

在参加比赛时，运动员将指卡佩戴在手指上，并按流程进行打卡（见图2-15）。

在定向运动赛事里，点签系统发挥着关键作用，各个类型的点签有着明确且不同的功能。

（1）"清除"点签。其作用是清除运动员指卡中的历史数据。这一操作至关重要，可确保每轮比赛前指卡归零，避免历史数据干扰当前成绩的记录与统计，为比赛成绩提供全新的初始数据。

（2）"起点"点签。运动员在起点打卡时，"起点"点签即刻启动计时。计时从这一刻开始，记录运动员从出发到各环节的时间节点，是确定比赛用时的起始依据，为成绩评判奠定基础。

（3）"途中"点签。比赛途中，运动员需按预设顺序依次到访检查点，并用指卡在"途中"点签设备打卡。这一过程既考验运动员的定向能力（确保按正确路线行进），又通过打卡记录验证路径的合规性与完整性，为成绩有效性提供依据。

（4）"终点"点签。运动员抵达终点打卡后，"终点"点签立即停止计时。停止计时与起点计时的时间差即为总用时，这一数据是判定比赛成绩的核心依据。

（5）"主站"点签。运动员完成终点打卡后，可前往"主站"点签处。工作人员会读取指卡中的比赛数据并录入赛事系统，通过打印机为运动员打印成绩条。成绩条详细记录总用时、各检查点打卡时间等关键信息，为运动员提供直观的成绩记录。

电子计时系统组成

电子计时系统打卡流程

一、清除计时卡　二、打起点（开始计时）三、完成地图上任务点　四、终点（停止计时）　五、打主站录入成绩

```
[HC-3-8 UID:2E00205B 11:00:51  ]
[HARD VER:HC-3-8 CardType:2nd  ]

    姓名:
    卡号:  33019356
    用时:  00:03:08.1
===============================
    清除:  10:56:48
    起点:  10:57:41.2
NO. 点号  打卡时间      间隔时间
 1   38  10:57:54      00:00:13
 2   36  10:58:11      00:00:17
 3   34  10:58:32      00:00:21
 4   37  10:58:56      00:00:24
 5   35  10:59:07      00:00:11
 6   34  10:59:16      00:00:09
 7   36  10:59:32      00:00:16
 8   38  10:59:48      00:00:16
 9   37  11:00:06      00:00:18
10   35  11:00:28      00:00:22
11   40  11:00:35      00:00:07
12   39  11:00:39      00:00:04
    终点:  11:00:49.3    00:00:10
===============================
```

图 2-15　电子计时系统及打卡流程

（三）定向地图

定向地图是参与定向运动不可或缺的器材，通常由赛事组织者准备并提供，供参与者在运动中使用。

定向地图与普通地图差异显著，它是专为定向运动设计的专业地图，详细标注了比赛区域的地形地貌、地物特征、检查点位置等关键信息。地图上的符号和颜色均有标准化定义，用于准确表示地形要素（如绿色代表植被、蓝色代表水域）。这些规范标识帮助参与者快速定位并判断行进方向。 此外，定向地图的比例尺和精度经过特殊设计，能为参与者提供详细信息，以便在复杂地形中规划最佳路线。不同级别赛事的定向地图，其难度和详细程度会有所差异，以适配不同水平参与者的需求。

从某种意义上讲，定向地图是参与者在定向运动中的"指南针"与"导航仪"——它不仅是工具，更是参与者与比赛环境的沟通桥梁，直接影响比赛表现与成绩（见图2-16、图2-17）。

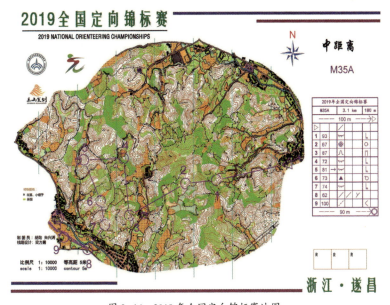

图 2-16　2019 年全国定向锦标赛地图

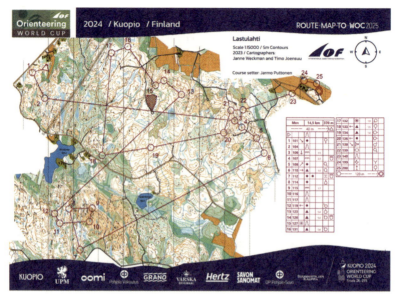

图 2-17　2024 年世界杯赛地图

第三章

认识指北针与定向地图

第一节　指北针

在定向运动中，地图与指北针至关重要，共同构成运动核心装备。地图依照国际定向运动联合会标准绘制，用特定符号、颜色呈现地形，精准标注检查点，帮助参与者定位自身位置、了解周边环境，规划行进路线。指北针基于地磁原理，磁针指向地磁北极，通过与地图磁北线对应，让参与者在复杂环境中辨明方向。二者紧密配合，助力参与者选择最佳路线，快速找到检查点。参赛者需熟练运用这两样工具，才能在比赛中取得理想成绩，尽情体验定向运动的竞技乐趣。

一、指北针类型

指北针的核心功能是精准指示方向。由于用途和专业领域需求不同，其设计样式与辅助功能也各有侧重。目前，指北针主要类型包括以下几种。（1）军事专用指北针。具备极高精度与可靠性，常配备多种战术辅助功能。（2）定向运动专用指北针。注重便携性与操作便捷性，便于运动员在快速行进中准确读取方向。（3）绘图专用指北针。侧重角度测量的精准度，助力绘制精确的方位图。（4）车载指北针。强调稳定性与抗干扰性，确保车辆行驶中稳定指示方向（见图3-1~图3-3）。

图 3-1　军用指北针

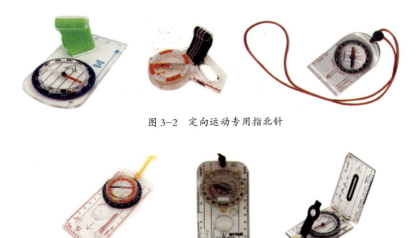

图 3-2　定向运动专用指北针

图 3-3　定向运动绘图专业指北针

二、指北针结构

定向运动指北针由基板、罗盘（充液盒）、指针三部分组成（见图 3-4~图3-6）。

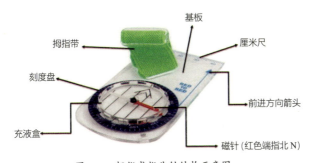

基板

拇指带

厘米尺

刻度盘

前进方向箭头

充液盒

磁针 (红色端指北 N)

图 3-4　拇指式指北针结构示意图

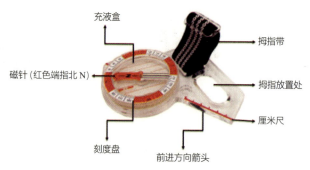

图 3-5　拇指式指北针结构示意图

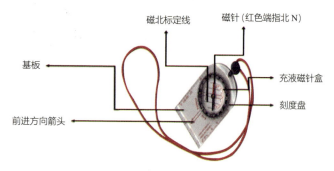

图 3-6　基板式指北针结构示意图

三、指北针的持握方法

在定向运动中，指北针的核心作用体现在两大关键用途：一是标定地图（即"标北"或"归北"）；二是确定前进方向。标定地图是将地图方位与实际地形方位准确对应，使地图上的山川、河流、道路等地形信息与现实地貌完全契合，这是运动员理解环境、规划路线的基础。确定前进方向则是运动员在复杂地形中移动时，借助指北针明确行进方向，确保朝着目标检查点稳步前进。

需注意的是，无论是地图标定还是方向确定，这些借助指北针的关键操作，都必须以正确持握指北针为前提。只有持握姿势规范稳定，才能确保磁针自由转动并精准指向地磁北极，使运动员准确读取方向信息，完成定向导航操作，顺利抵达目的地。

（一）拇指式指北针的持握方法

使用拇指式指北针时，应先将大拇指轻巧地套入拇指带内，让拇指带自然贴合拇指。此时，其余手指顺势弯曲，呈握拳状稳稳托住指北针基板。要特别注意，需将基板上的前进方向箭头，也就是基板右侧边缘线，精准调整至朝向身体正前方。同时，把罗盘端微微向身体一侧靠近，并且确保其朝上。在整个操作过程中，务必保持手部平稳，尽量使指北针整体处于水平状态，如此方能保障指北针准确运行，为使用者提供可靠的方向指引。如图3-7、图3-8所示。

图 3-7　拇指式指北针持握示意图 1

图 3-8　拇指式指北针持握示意图 2

（二）直板挂绳式指北针的持握方法

使用直板挂绳式指北针时，先从挂绳取下指北针，双手自然下垂，再水平持握，将基板底部平稳置于身体前方，确保基板上的方向箭头线精准指向正前方。持握时手臂需保持稳定，避免指北针晃动，以确保方向指示准确，为定位、导航等场景提供可靠方向依据。如图3-9所示。

图 3-9　直板挂绳式指北针持握示意图

（三）使用指北针的注意事项

指北针基于地球磁场原理工作，当处于水平状态且无磁场干扰时，磁针静止后，红色端或标有"N"的一端始终指向北方，为方向判断提供基准。

使用指北针时需注意关键要点：首先，保持水平至关重要，任何倾斜都会导致方向指示偏差；其次，需远离磁场源（如强磁场区域、铁堆、高压电线下方等），磁场干扰易使磁针紊乱，造成南北方向180°误判；同时，需避免摔落，以防充液盒内液体泄漏，损坏内部精密结构，影响磁针转动流畅性。

储存保养同样不可忽视：应避免接触腐蚀性液体，防止外壳及内部零件被侵蚀；需防止长时间暴晒，以免外壳老化变形、影响密封性，进而损害内部部件性能；此外，勿将指北针置于强磁场、金属堆或电子产品附近，以防磁场或电磁信号干扰，降低其灵敏度与准确性。

第二节　定向地图

一、定向地图基本知识

（一）定义

定向地图是一种专为定向运动导航设计的专用地图。它依据正射投影（垂直投射）原理，将地球表面的人工或自然地物、地貌现状缩绘于平面之上。在绘制过程中，严格按照一定比例，并运用国际定向联合会统一执行的国际定向图例符号、颜色以及文字注记等，精准描绘各类地物地貌，以此为定向运动参与者提供清晰、规范的导航信息，助力其在复杂地形中确定方位、规划路线（见图3-10）。

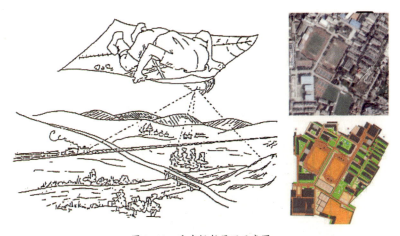

图 3-10　垂直投射原理示意图

（二）构成基本要素

国家基本地形图通过地貌、水系、建筑物、道路、植被和境界这"地图六大要素"，全面呈现综合地理信息。与之相比，定向地图的表达既有相似性，又具独特性。基于定向运动的项目特性，定向地图的构成要素可划分为四类。

（1）数学基础要素：包括比例尺、等高距。

（2）地理要素：涵盖磁北线、标准颜色体系及地物地貌图例符号。

（3）整饰要素：包含图名、赛事名称、制图信息、主承办单位标识及商标广告。

（4）导航要素：包括路线设计及检查点说明表（以特定符号标注检查点特征位置）。如图3-11、图3-12所示。

图 3-11　定向地图构成要素示意图 1

图 3-12 定向地图构成要素示意图 2

1. 数学基础要素

1）比例尺。

地图比例尺＝图上距离／实地距离

地图比例尺的表示形式如下：

（1）线段式——在地图上以厘米单位线段表示。如地图上1cm代表实地100m，则在1cm线段上注明100m，如图3-13所示。

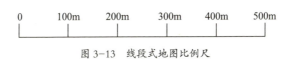

图 3-13 线段式地图比例尺

（2）数字式——在地图上以数字比例式表示。如地图上1cm代表实地100m，则在地图上写成1：10000。

（3）文字式——在地图上以文字直接表示。如地图上1cm代表实地100m，则写成图上1cm等于实地100m，如图3-14所示。

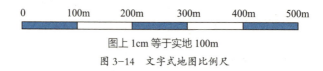

图上 1cm 等于实地 100m

图 3-14　文字式地图比例尺

2）等高距。

等高距是指地形图上相邻两条等高线的高差，如图3-15所示。

图 3-15　等高距示意图

等高距决定着地貌表达的详略程度，同一区域，等高距越小，等高线条数越多，地貌表现就越详尽；等高距越大，等高线条数越少，地貌表现就越简略，如图3-16所示。同一幅地图上，等高线越密集，山越陡；等高线越稀疏，山越缓。

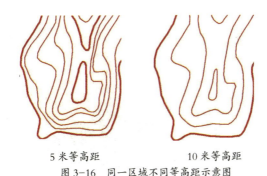

5 米等高距　　　　　　　10 米等高距

图 3-16　同一区域不同等高距示意图

2. 地理要素

定向地图的地理要素承载着详细的地理信息，是地图的核心组成部分。由于地图用途各异，其表达地理内容的侧重点也有所不同。定向地图主要突出具有导航意义的地貌、地物特征及其属性，以此为使用者在定向运动等活动中提供关键的地理参照信息。

1）磁北线。

磁北线是地图上表示地磁的方向线（见图3-17）。

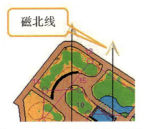

图 3-17　定向地图磁北线示意图

2）颜色与符号。

定向地图通过颜色、符号和等高线的组合呈现地物与地貌信息。颜色和符号的识别遵循特定规律与逻辑，充分理解并熟悉颜色、符号的制定规则，以及符号间、符号与实际物体的逻辑关联，对掌握定向地图语言具有重要促进作用（见图3-18）。

图 3-18　定向地图颜色、符号

（1）颜色。

定向地图主要由9种颜色组成，其中8种颜色用于表达地理要素和技术符号，1种颜色表达线路（见图3-19）。

黄色：表示可通行的开阔地形（无密集植被覆盖），如草地、农田、牧场、空旷区。

白色：表示可通行林地（树木稀疏、无密集灌木），如疏林、易跑森林区域。

绿色：代表植被。树林和灌木丛的密度越大、颜色越深，通行越困难。

黄绿色：表示难通行且需避让的区域（如密集荆棘、私人花园，不可踩踏/穿越）。

黑色：表示人工地物与硬质地貌，如岩壁、石块、建筑物、可通行小路（粗线）、不可通行围栏（虚线）。

灰色：代表建筑物，深灰不可通行，浅灰可通行。

蓝色：代表水体和沼泽、技术符号。如湖泊、河流、水坑。

棕色：表示自然地貌特征，如等高线（地形起伏）、土堆、坑洼、陡崖。

紫色：代表线路和禁区。

图 3-19 地图颜色表达地物及地貌示意图

植被颜色的可视性与通行性如表3-1所示。

表3-1　植被颜色的可视性与通行性程度

颜色	可视性	通行性
黄色	非常好	非常好
白色	好	好
浅绿	一般	一般
深绿	不好	困难
黄绿	不好	禁止 / 严禁

（2）符号。

依据国际定向联合会发布的定向地图国际规范《ISOM2017-2》以及短距离定向地图国际规范《ISSprOM2019-2》，定向地图上的语言符号可划分为七类，分别是地貌、岩壁和石块、水体和沼泽、植被、人工地物、技术符号、线路设计符号。符号由图形、大小、颜色三要素构成，按照形态特征，可分为点状符号、线状符号、面状符号三类。

① 点状符号，不依比例尺表示。

点状符号用于表示实地具有重要方位意义的独立特征物，这些特征物通常实地面积或体积较小，像高塔、大石块、突出巨树等。当这类特征物在地图上因无法依据比例尺体现其分布范围时，便采用个体符号呈现。此类符号仅用于标明特征物的分布位置，不体现其形状与大小，故而也被称作"不依比例尺符号"（见表3-2）。

表3-2 点状符号

地貌符号		水系符号	人造地物符号		特殊地物特征
棕色	黑色	蓝色	黑色		四色
洼地	大石头	水坑	石碑	饲料架	X 特殊的地物特征 蓝色：特殊水系 绿色：特殊植被 棕色：特殊地貌 黑色：特殊地物 ○ 特殊的地物特征 绿色：突出巨树 黑色：特殊地物 蓝色：水井
小洼地	石群	水井	高塔	小塔	
土坑	石块地	泉	坟墓	靶场	
土堆	（岩）石坑				

② 线状符号，半依比例尺表示。

线状符号用于表示呈带状或线状延伸的特征物，按地图比例尺缩小后，长度采用等比例缩放，宽度可根据需求选择非比例或局部比例模式，如道路、输电线、河流、围栏等。这类符号能表示地物的分布位置、长度和形状，但不能表示其宽度，也称为"半依比例符号"（见表3-3）。

表3-3 线状符号

地貌符号		水系符号	人造地物符号		植被符号	
棕色	黑色	蓝色	黑色		绿色	
等高线		河流	铁路	围墙	不明显/明显植被分界线	

续　表

地貌符号		水系符号	人造地物符号		植被符号
棕色	黑色	蓝色	黑色		绿色
土崖	石崖	季节性水渠	小路	围栏	禁止通行树篱（黄绿）
土墙		细沼	不明显小路	公路	难通行树篱（深绿）

③面状符号，依比例尺表示。

面状符号用于呈面状分布特征的地物，实际面积较大，按地图比例尺缩小后，仍能表示其分布范围，如建筑物、植被、湖泊、沼泽等。这类符号能表示地物的分布位置、形状和大小，也称为"依比例符号"（见表3-4）。

表3-4　面状符号

地貌符号		水系符号	植被符号	
棕色	灰色	蓝色	绿色	黄色
铺砖地面	露岩地	湖泊	通行困难植被（深绿）	耕地与开阔地
		不可通行沼泽	慢跑林（浅绿）	杂草空地（淡黄）
			慢跑矮树丛	果林

定向地图符号识别规律及注意问题：

① 符号与实际地物的具体特征存在联系，其中符号的形状、颜色特征与之联系最为密切（见表3-5）。

表3-5 符号特征与实地地物特征联系对比表

符号类别	符号及名称	实景图	符号形状、颜色特征	实地地物形状、颜色特征
石头与石块	石块/巨石		点状、黑色	独立个体、自身（由石头矿物质决定）
地貌	土坎/土崖		线状、棕色	线状、棕色
植被	通行困难植被		面状、绿色	面状、绿色

② 不同类别、不同属性地物符号之间差异明显，易识别（见表3-6）。

表3-6 不同类别、不同属性地物符号差异对比表

地物类别	地物属性	符号名称	地物符号	符号形状	符号颜色
地貌	地表形态特征	破碎地面		不规则	棕色
岩石与石块	地面突出特征	石群	▲	点	黑色
水系与沼泽	地表形态特征	可徒涉河流		线	蓝色
植被	地面突出特征	难跑矮树丛	|||||||	面	绿色

续　表

地物类别	地物属性	符号名称	地物符号	符号形状	符号颜色
人造地物	地表人造形态特征	宽车道		线	棕色
技术符号	印刷或调图	套版线	＋	点	黑色
套印符号	安全服务提示特征	饮水站		点	紫色

③ 不同类别，但属性相同或相近的地物符号依颜色区别（见表 3-7）。

表3-7　不同类别，但属性相同或相近的地物符号区别对比

地物符号	符号名称	符号颜色	地物类别	地物属性
×	特殊植被	绿色	植被	地面特殊特征
×	特殊水系	蓝色	水系	
×	特殊人造地物	黑色	人造地物	
×	特殊地貌（地形）特征	棕色	地貌	
×	禁止通行	紫色	套印符号	
v	水坑	蓝色	水系与沼泽	地表凹陷特征
v	岩坑	黑色	岩石与石块	
v	土坑	棕色	地貌	
○	突出巨树	绿色	植被	地面突出特征
○	水井	蓝色	水系与沼泽	
●	特殊人造地物	黑色	人造地物	

续 表

地物符号	符号名称	符号颜色	地物类别	地物属性
•	独立树	绿色	植被	地面突出特征
•	细小水域	蓝色	水系与沼泽	
●	石块 / 巨石	黑色	石头与石块	
✳	土丘 / 土堆	棕色	地貌	
⌣	泉	蓝色	水系与沼泽	地表凹陷特征
⌣	小洼地 / 小凹地	棕色	地貌	
········	细沼 / 溪流	蓝色	水系与沼泽	地表形态与地表凹陷特征
•·······	明显植被界线	黑（被线分开区域为植被）	植被	
········	小冲沟 / 小干沟	棕色	地貌	
——	可徒涉水道（河流）	蓝色	水系与沼泽	地表形态与地表人造形态特征
——	窄车道	黑色	人造地物	
– – –	季节性水渠	蓝色	水系与沼泽	
– – –	小路 / 步道	黑色	人造地物	
•—•—•	围墙 / 石垣	黑色	人造地物	地表人造形态特征
•—•—•	土墙 / 土垣	棕色	地貌	
⊢⊢⊢⊢	石崖 / 岩壁	黑色	岩石与石块	地面形态特征
⊢⊢⊢⊢	土崖 / 土坎	棕色	地貌	

④ 同类相近地物的符号关联紧密，通过基本符号的局部形态差异或方向变化来区分（见表3-8）。

表3-8 同类或相近地物符号区别特点

地物符号	符号名称	符号特点	符号颜色	符号类别
V	岩坑	缺口朝上	黑色	岩石与石块
Λ	山洞	缺口朝下坡方向	黑色	
(符号)	不可通行的陡崖	实线粗	黑色	
(符号)	可通行的岩壁	实线细	黑色	
(符号)	不可通行的围栏	粗实线、双斜齿线	黑色	人造地物
(符号)	可通过的围栏	细实线、单斜齿线	黑色	
(符号)	残破围栏	虚细线、单斜齿线	黑色	
(符号)	不可通行围墙/石墙	粗实线、双点	黑色	
(符号)	可通行围墙/石墙	细实线、单点	黑色	
(符号)	残破围墙/石墙	细虚线、单点	黑色	
(符号)	不可通过的管道	粗实线、双箭头	黑色	
(符号)	可通过管道	细实线、双箭头	黑色	
(符号)	双向多车道车路	三实线、双铺装路面	棕色	
(符号)	宽车路	双实线、单铺装路面	棕色	
(符号)	修建中宽车路	双虚线、单虚铺装路面	棕色	
(符号)	窄车道	粗实线	黑色	

续 表

地物符号	符号名称	符号特点	符号颜色	符号类别
▬ ▬	难行车道	粗虚线	黑色	人造地物
▬ ▬	步道	小虚线	黑色	
▬ ▬	小径	细虚线	黑色	
▬ ▬ ▬	不明显小径	双排比细虚线	黑色	
┼──┼	主输电线	双实线	黑色	
┼─┼─┼	电力线/索道/缆索	单实线	黑色	
⌐┘	废墟	虚线、面积可依比例	黑色	
▣	小废墟	实线、面积小,不依比例	黑色	

⑤ 若干同类地物符号规律排列表达,仅反映地物性质与范围,而不表达具体个数(见表3-9)。

表3-9 同类地物排列表达

地物符号	符号名称	表达含义(不计个数,依比例面积)	符号颜色	符号类别
∴∵∴	破碎地面	成片破碎地面	棕色	地貌
∴∵∴	碎石地	成片碎石地	黑色	岩石与石块
✿	石块地	成片石块地	黑色	岩石与石块
✝✝✝	墓地	成片的坟墓	黑色	人造地物
▥	单向林	南－北方向可跑单向林	绿色	植被

⑥ 实地地物过小时，转化为地图符号较难识别其点、线、面形状特征，可依固定转换条件判断识别（见表3-10）。

表3-10　地图上点、线、面状地物特征区别点

现地地物	地物符号	符号名称	符号形状特征	特征区别
池塘		湖泊	面状	图上大于1平方毫米
	v	水坑	点状	现地直径小于5米
河流		河流	线状	现地宽度在5米以上
		可徒涉水道	线状	现地宽度在2~5米

定向地图符号与实景对应：

尽管定向地图符号有特定的要求和规律可循，但对于初次接触定向运动的人而言，想要快速记住或读懂这些符号仍存在一定难度。其中最大的挑战在于，当看到地图上的符号语言时，需要立刻在脑海中构建出该符号对应的立体三维图像，并将其与实地的地物准确对应起来（见图3-20~图3-22、表3-11）。

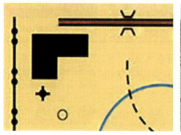

图3-20　图例符号实景对照图

表3-11　定向图例符号实景对照图表

地貌（综色）			
符号	实景图	符号	实景图
等高线		示坡线	
土坎 / 土崖		土墙	
丘 / 山顶		小丘 / 土堆	
凹地 / 洼地		小凹地 / 小洼地	
土坑 / 土洞		破碎地面	

续 表

石头与石块（黑色/灰色）			
符号	实景图	符号	实景图
不可通行陡崖		可通行石崖	
岩坑		石块/巨石	
石块地		石群	
碎石地		空旷沙地	
露岩地			

续　表

水系与沼泽（蓝色）			
符号	实景图	符号	实景图
湖泊		水坑	
可徒涉河流		季节性水渠	
细沼		不可徒涉沼泽	
沼泽		季节性沼泽	
水井		泉	
可徒涉沟渠		消防栓	

植被（黄色／白色／绿色／黄绿色）			
符号	实景图	符号	实景图
耕地／空旷地		稀树空旷地	
杂草空旷地		稀树杂草空旷地	
难跑矮树丛		慢跑树林	
通行困难植被		果林	
好跑树林		明显植被界线—黑色	
不明显植被界线		耕地／空旷地	
突出巨树		突出灌木或小树	
特殊植被			

续　表

人造地物（黑/灰/棕色）			
符号	实景图	符号	实景图
宽车道		窄车道	
难行车道		小路有明显路岔	
不明显小路		小路有不明显路岔	
林间空隙		铁路	
靶场		输电线/索道	
隧道/桥涵		石墙	

续 表

人造地物（黑／灰／棕色）			
符号	实景图	符号	实景图
不可通行围栏		可通行围栏	
高围栏出口		建筑物	
台阶／阶梯		铺装路面	
废墟		塑料架	
跑道		铺装路面（交通量小）	
铺装路面（交通量大）		桥／隧道入口	

续　表

人造地物（黑／灰／棕色）			
符号	实景图	符号	实景图
高塔		小塔	
雕塑／石标		桌子	
娱乐设施		旗杆／小塔架	
长椅／座椅		特殊人工建筑	
路灯			

套印符号（紫色）			
符号	实景图	符号	实景图
 禁入区		 起点	
 检查点		 必经路线	
 终点			

特殊地物（黑色/棕色/蓝色/绿色）	
符号	实景图
 特殊地物	○独立树　　　○/×突出巨树　　　⊗路灯 　×坟墓　　　×高压电箱
	备注：使用时需与地物分类颜色对应并注明具体表示什么物体， 　　　如突出巨树植被用绿色○或×表示。

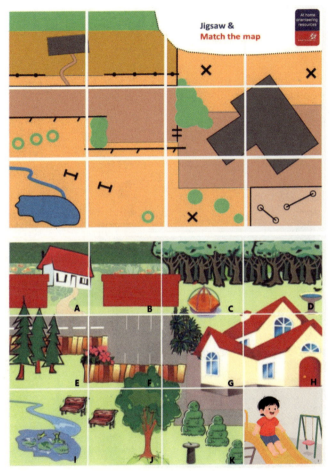

图 3-21　图例符号实景对照图

图 3-22　地物与实地相对应

图例与实景对照图练习

请看图连线

定向地图国际规范

短距离定向地图
国际规范

学校超短距离赛定向
地图符号集 2019

连线答案

（三）目标导航要素

目标导航要素属于套印符号，主要由线路符号和检查点说明表组成。检查点说明表如图3-23所示。

A	检查点序号
B	检查点代码
C	相似特征的哪一个
D	检查点特征
E	外观信息
F	尺寸/组合/拐弯
G	点标旗的方位
H	其他信息

高新区智慧寻宝定向赛			
儿童女子组			
2		1.2km	10m
▷			┐
1	32	■	┛
2	34		┌
3	31	/ // Y	
4	33	← ▲	○
○ — — — 70 m — — → ◎			

赛事名称		
组别		
线路代号	直线距离	爬高量
起点	小路	
1	32	建筑物东北拐角外
2	34	围栏西北拐角内
3	31	大路与小路交汇处
4	33	西边的突出树南侧
从最后一个检查点沿必经路线行进70m至终点		

图 3-23　检查点说明示意图

2018 检查点说明国际规范

检查点说明符号实景对照练习

请选出您认为在检查点说明表中，符号所对应的实地情况正确的选项。

3	A-B					

4	A-C	V		O	

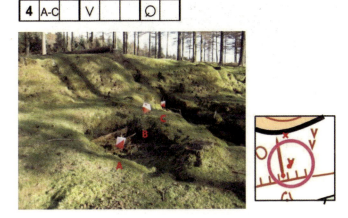

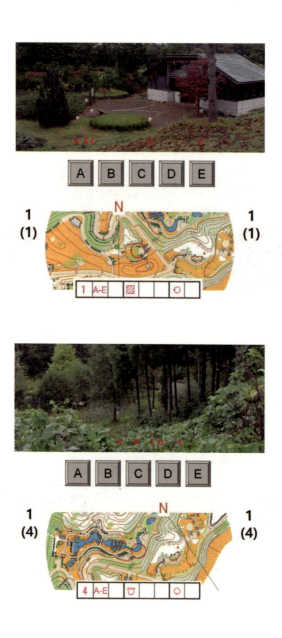

第四章

定向运动基本技术

第一节　找点技术

第一步：标北

标北，又称"归北"或"标定地图"。操作时，将指北针水平放置在地图上方，保持地图与指北针静止不动。此时，可通过整体转动身体或仅转动手腕的方式，直至地图上的磁北线与指北针所指示的北方方向一致。需要注意的是，要使指北针磁针与地图磁北线重合或平行，确保地图北方与指针北方（N）方向一致（见图4-1）。

图 4-1　标北（标定地图、归北）

第二步：寻找站立点（我在哪？）

我们通常会从起点位置出发，即三角形△所在位置，每到达一个检查点"○"，这个检查点"○"便成为我们看图的站立点。

第三步：明确前进方向（我要去哪？）

当地图正确标北后，站立点与目标点之间的直线连线即前进方向（见图4-2、图4-3）。

"我在这，我要去哪儿？"

"红 对 红"

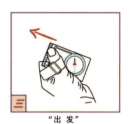
"出 发"

图 4-2 确定站立点和明确前进方向

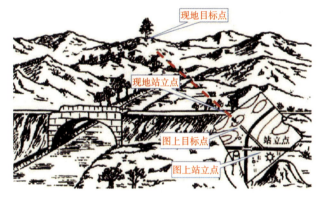

图 4-3 确定前进方向

第四步：选择路线

在朝着目标点前进时选择路线，可遵循以下五条原则：（1）稳中求快：在确保行进安全、稳定的基础上，追求速度，避免因过度求快而失误。（2）就近不就远：优先选择距离短的路线，减少不必要的路程消耗。（3）有路不越野：有道路可走时，尽量选择道路，避免在野外艰难地形行进，以节省体力和时间。（4）有障提前绕：遇到障碍物时，提前规划绕路，避免临近障碍时才匆忙改变路线，耽误时间。（5）走高不走低：在地形允许的情况下，优先选择高处路线，便于观察地形和确定方向，同时可能减少积水、泥泞等不利因素影响（见图4-4）。

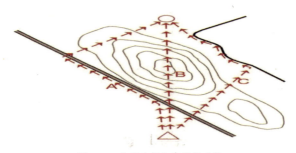

图 4-4　路线选择和参照物选择

第五步：选择参照物

在选定的路线上，我们需要挑选一些参照物来辅助确认前进位置。挑选时可遵循以下两个原则：其一，优先选择大型、醒目且容易记忆的物体作为参照物，这类参照物在视野中易于识别，能在行进过程中快速定位，帮助我们时刻清楚自身所处方位；其二，尽可能选取三个及以上的参照物，同时要避免选择相似物体，以防因相似物的干扰而出现判断失误，多个不同特征的参照物相互印证，能大大提升位置判断的准确性。

第六步：确定点位

先依据检查点附近参照物的位置关系，判断其大概位置，再通过检查点说明表，确定准确位置。

找点技术

第二节　重新定位技术

重新定位技术，是指在定向运动中，运动员丢失站立点后，运用标北（即标定地图、归北）、借助明显地物地貌、回忆行进路线、确定安全方位，以及利用多地物交叉关系等方法，重新确定自身所在位置的关键技术。

在定向运动开展过程中，迷失方向或丢失站立点是较为常见的情况，即便是高水平运动员，也难免出现此类失误。因此，重新定位技术堪称定向运动中一项基础且极为重要的技术。

在寻找检查点的过程中，一旦察觉迷路且丢失站立点，应立即停下脚步，首要任务是对地图进行标北（即完成标定地图、归北操作），具体可采用以下方法：

方法一：仔细观察实地周边大型、显著的地物或地貌特征，回忆此前的行进路线，在地图上查找刚走过路线附近的地物或地貌，并与实地情况比对。若能成功对应，即重新定位成功。

方法二：若方法一未找到对应地物地貌完成定位，无需反复转动地图或调整身体，应立即回忆刚行进的路线，沿原路返回至上一个已知站立点。到达后，重新对地图进行标北操作，进而准确确定站立点及后续前进方向。

重新定位

第三节　拇指辅行技术

拇指辅行技术是定向运动基础技术之一，适用于初级、中级、高级各阶段参与者。参与者明确路线与参照物后，借大拇指在地图上移动，辅助保持地图标北、确定站立点（实现所选参照物与实地地物对应）、明晰前进方向。

拇指辅行法的使用步骤如下：

第一，明确两项关键。完成地图标北（让地图北方与实际北方一致）后，先清晰规划从当前站立点到目标点的行进路线，同时选定路线上显著、易识别的标志性参照物，便于实地快速定位。

第二，拇指同步随动。用左手大拇指轻压地图上站立点位置，开始行进。抵达实地首个选定参照物位置时，大拇指同步移至地图上对应位置。在行进过程中，需始终以拇指标记地图上的实时站立点，确保地图与实地行进位置的精准对应。

第三，维持标北稳定。全程保持地图标北状态。转变行进方向时，遵循"人动地图不动"原则——身体转动调整方向，手中地图保持稳定，方向不随身体转动改变，持续依托地图准确判断方向与路线。

拇指辅行

第四节　三个时刻技术

"三个时刻"技术是助力参与者在寻找目标检查点时保持方向感与位置判断准确性的有效方法。具体而言，在寻找目标检查点过程中，参与者需做到时刻标北、时刻确定站立点、时刻明确前进方向。这"三个时刻"的提示能帮助参与者稳定且快速地寻找检查点，保持注意力集中，降低迷失方向或丢失站立点的风险。该技术既可作为拇指辅行技术的辅助手段，也可独立运用。其操作步骤如下：

第一，明确两项核心要素。完成地图标北（将地图方向与实际北方校准）后，首要任务是清晰规划从当前站立点到目标检查点的行进路线。路线规划需综合考虑地形、距离、安全性等因素。同时，选定路线上的若干参照物，要求其特征显著（如大型建筑物、独特地貌等），以便在实地行进中快速识别。

　　第二，行进中的持续校准与确认。首先，保持地图标北。全程实时校准地图，确保无论身体转动或行进方向如何改变，地图始终与实际北方一致。其次，同步定位站立点。抵达每个预先选定的实地参照物时，立即将其与地图对应位置比对，确认后精准确定当前地图位置。最后，明确前进方向。时刻牢记目标检查点的方位，确保清晰知晓后续行进方向，以在复杂环境中保持方向感与位置判断的准确性，高效完成找点任务。

三个时刻

第五章

定向运动比赛

第一节　参加比赛流程

参加比赛的基本流程主要分为三个阶段：起点阶段、场地阶段、终点和成绩统计阶段。

起点阶段：选手进入起点处的3分钟等待区，在此清除指卡数据；随后进入2分钟等待区，领取检查点说明表；接着进入1分钟等待区，当倒计时至0秒时，若赛事规定需打"起点"卡，则进行打卡操作，若统一不打"起点"卡，计时自动开始，此时选手领取地图。

场地阶段：选手按照地图上所标示的检查点顺序，找到相应代码的电子点签器依次打卡。

终点和成绩统计阶段：选手打完最后一个检查点后，进入终点区域并打"终点"卡，此时计时停止。之后，选手需有序前往成绩统计处打印比赛成绩条码（成绩将自动录入系统），至此比赛结束。具体流程可参考图5-1。

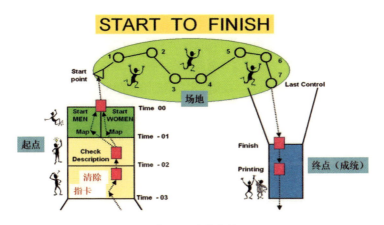

图 5-1　比赛流程

参加定向运动比赛，参赛者须具备一定的定向技能和体能。这些能力可通过多种途径提升，如参加学校的定向运动兴趣课程、加入相关社团，或者报名参加专业培训班，以及接受专业教练的系统训练。

1. 定向技能要求

（1）基础识图与指北针认知。参赛者应具备基本的看图识图能力，能够准确识别地图上的各种符号、标识和地形信息。同时，要熟悉指北针的使用方法，能够通过指北针确定方向。

（2）综合运用与找点能力。能够将地图与指北针结合使用，根据地图上的信息和指北针指示的方向，在实地环境中准确找到相应位置。此外，需基本掌握找点技术流程，精准找到地图上标示的检查点。当在比赛中迷失方向或丢失站立点时，能够熟练运用重新定位技术，如通过标北、利用明显地物地貌、回忆路线等方法，快速找回站立点，确保在保障自身安全的前提下完成比赛。

（3）提升找点速度的技能。掌握拇指辅行技术、"三个时刻"技术等高效找点技能。通过不断练习，提高这些技术运用的稳定性和熟练度，从而提升在比赛中的找点速度，进而提高比赛成绩。

2. 体能要求

在体能储备上，参赛者需养成良好身体锻炼习惯，围绕柔韧、协调、灵敏、耐力、速度、力量等身体素质维度，制订长期有效的锻炼计划并坚持执行，逐步提升体能水平，以契合定向运动比赛的体能需求。

第二节　微型定向赛

微型定向赛，也被称为"百米定向"，是将传统定向比赛所需的野外场地按数倍比例缩小，在城市公园、校园、广场、室内等场地开展的赛事。2004年，全国冠军赛首次增设百米定向比赛项目。实践表明，百米定向具备诸多优势：场地选择灵活性大，可根据实际需求灵活安排；观赏性强，比赛过程精彩刺激，极易吸引观众目光；技术性突出，对运动员的定向技术要求严苛；参与度广泛，适合不同年龄与水平的人参与；组织难度低，易于操作实施。此外，百米定向还能有效锻炼运动员的灵敏性、协调性、反应能力及奔跑速度等身体素质，是学校开展体育推广工作的优质项目。

微型定向

定向运动享有"满盘珠玉一线穿"的美誉，彰显出其高度可变性与强大跨学科融合性。学校可依托这些特性，将定向运动与语文、历史、地理、生物、数学等学科，及校园文化、德育工作深度融合，利用校园内篮球场、足球场、田径场、教室等场地组织活动。比如，地理学科融入定向地图识别知识，德育教育借定向运动培养学生团队合作精神与坚韧意志，以此丰富校园文化生活，促进学生全面发展。

趣味定向比赛

第六章

定向运动教学与设计

　　小学定向运动教学与训练，重点在于激发学生兴趣。课堂上，通过"校园宝藏大搜寻"这类趣味游戏，带领孩子们初步认识地图与指北针。讲解方向辨别、路线规划等知识技能时，采用简单易懂、童趣化的语言，便于他们理解。训练则侧重基础体能培养，借助短距离接力跑等活动，增强孩子们的身体协调性与耐力，一步步引领他们走进定向运动的世界。

第一节　定向运动教学与训练设计

一、定向运动教学与训练特点

定向运动教学与训练特点如图6-1所示。

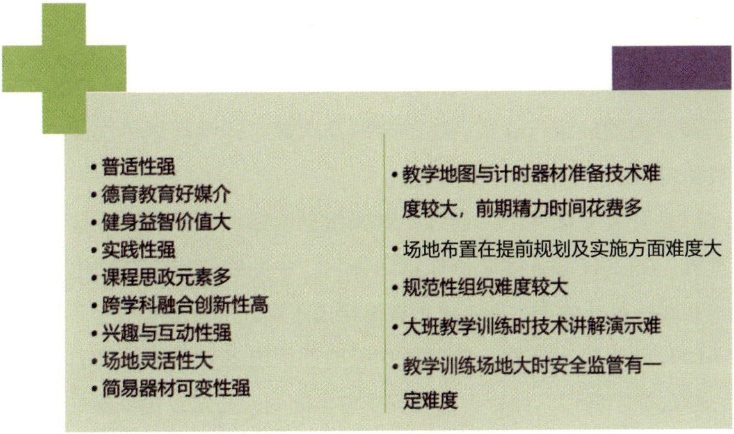

- 普适性强
- 德育教育好媒介
- 健身益智价值大
- 实践性强
- 课程思政元素多
- 跨学科融合创新性高
- 兴趣与互动性强
- 场地灵活性大
- 简易器材可变性强

- 教学地图与计时器材准备技术难度较大，前期精力时间花费多
- 场地布置在提前规划及实施方面难度大
- 规范性组织难度较大
- 大班教学训练时技术讲解演示难
- 教学训练场地大时安全监管有一定难度

图 6-1　定向运动教学与训练特点

二、定向运动教学与训练设计基本原则

定向运动教学与训练设计基本原则如图6-2所示。

图 6-2　定向运动教学与训练设计基本原则

三、定向运动教学与训练设计基本内容

定向运动教学与训练设计的基本内容主要包含以下环节：

（1）确定合理目标。根据教学训练对象的身心特征以及对定向运动知识技能的掌握情况进行分层，依据学校的培养目标方针，结合教学训练特点及设计原则，制定科学合理的教学与训练目标。

（2）安排内容计划。明确教学与训练内容所处的初阶、中阶或高阶阶段，合理确定行课或训练的课时及次数，详细规划每次课或训练的具体内容。

（3）开展考核评价。通过平时课堂及训练综合表现，考核学生德育素养（如责任感、团队协作意识等）；中期检验学生对理论知识与技术实践的掌握情况；期末进行理论与技术实践的全面考核。

（4）制定执行详案。依据每次课或训练内容，撰写具体的执行教案，体现教学内容、目标，合理安排教学时间、方法及组织形式。

（5）反思与修订。根据每次实际教学、训练的目标达成度、内容进度等反思，提出当次课、当次训练的改进建议，逐步优化整个教学及训练周期计划。

四、定向运动教学与训练内容安排

定向运动教学与训练内容安排如图6-3所示。

阶　段	内　容	详细内容列举
第一阶段	定向运动启蒙	生活技能关联能力培养、古代科技发明引导、国防教育启发、环境保护意识培养等
	定向运动基础知识	概念、起源、发展、分类、地图、指北针
	定向地图与指北针结合使用	找点技术（我在哪？我要去哪？怎么去？）
	判别目标方向技术与方法	确定前进方向技术、方位感
	定向运动竞赛规则	国际定向运动联合会（IOF）徒步定向竞赛规则
	考核	过程性考核（综合素养）、理论考核、实践技术考核
第二阶段	定向地图与指北针、找点技术	找点技术巩固
	重新确定站立点技术	重新确定站立点技术
	快速读图技术	快速读图技术
	精确点位技术	精确点位技术
	拇指辅行技术	拇指辅行技术
	比赛技战术	起点、场地、终点不同阶段心理、体能、技术、战术四个层面
	考核	过程性考核（综合素养）、理论考核、实践技术考核
第三阶段	拇指辅行技术	拇指辅行技术巩固
	记忆读图技术	记忆读图技术
	超前读图技术	超前读图技术
	概略读图技术、精确读图技术	概略读图技术、精确读图技术
	距离判断	距离判断
	方位角技术	方位角技术
	比赛技战术	起点、场地、终点不同阶段心理、体能、技术、战术四个层面
	考核	过程性考核（综合素养）、理论考核、实践技术考核

图6-3　定向运动教学与训练内容安排

第二节　定向运动教学实践案例

【案例名称】 骑兵夺宝

【应用年级】 小学二年级

【教学内容】 确定前进方向

【教学目标】

认知目标。通过"骑兵夺宝"游戏，让学生认识常见地图符号，理解符号作用，学习地图基础知识（包括基本构成要素、地图符号识别）。同时，引导学生练习将二维地图符号转化为现实三维物体，加深对定向地图符号的理解。此外，借助"寻找定向地图目标方向点，统计准确率与耗时"的任务，检验学生对地图符号知识、方向判断的掌握程度。

情感目标。以小组竞赛形式激发学生兴趣，通过团队合作场景，培养学生协作能力与社交技能。

技能目标。设计"骑兵夺宝"情景代入式游戏，以激发学生好奇心与兴趣为基础，让学生先通过"前后左右"方向判断练习，逐步过渡到"东西南北"方位判别，系统训练并增强方向感。

【实践方法】

1. 所需器材。篮球场寻宝图（见图6-4）、点标旗（见图6-5）、打卡纸（见图6-6）、卡通印章（见图6-7）、检查点对照表（见图6-8）。

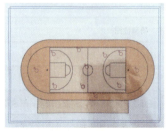

寻宝图总点图

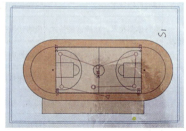

线路图1

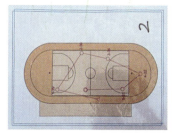

线路图 2　　　　　　　　　　　　　　线路图 3

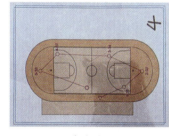　　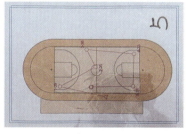

线路图 4　　　　　　　　　　　　　　线路图 5

图 6-4　篮球场寻宝图

图 6-5　点标旗

组名：	姓名：	学号：
出发时间：	到达时间：	共用时：
1	2	3
4	5	6

6-6　打卡纸

图 6-7　卡通印章

图 6-8　检查点对照表

2. 设计步骤。（1）教师按照制作好的"寻宝图"提前布置好场地，并根据"寻宝图"在每个位置放置点标旗，同时在每一个检查点的旁边放置一个印章。（2）教师将学生随机分成每组3人的"骑兵小分队"，骑兵小分队队长带领大家寻宝。队长负责拿地图，拿到地图后，三人一起分析地图并进行分工：第一人负责拿地图、确定"我们在哪里"；第二人负责"我们要去哪里"；第三人负责"我们怎么去"以及盖章。

（3）依照教师的统一口令，分批出发（10个骑兵小分队为一批，共两批）。（4）"骑兵小分队"根据自己的"寻宝图"按顺序依次完成盖章后，把印章放回原来的位置，再寻找下一个检查点（按照起点—1号检查点—2号检查点—3号检查点—4号检查点—终点的顺序，见图6-9）。（5）学生按顺序完成自己地图上所有的检查点后，在教师规定的位置排队并检查答案。（6）第一组练习结束后，3人互换角色，并与老师换不同线路的"寻宝图"，确保每位参与者都可以体验到3个不同的角色。

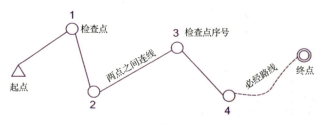

图 6-9 寻找检查点

【教学应用】

练习一：游戏化方位感培养。

◎活动形式：学生围成圈，根据老师的口令（以"北"为例）判断并面向北方。

◎动作变化：从原地静态开始，逐渐过渡到原地动态，最后是顺时针和逆时针方向的慢跑。

◎反馈机制：对于出现错误的同学进行轻微的"惩罚"。

练习二：游戏情景代入。

◎分组方式：将学生分为三人一组。

◎活动流程：按照老师的指示分批出发，手持"寻宝图"参与游戏。

◎目的与效果：旨在激发学生的运动兴趣及探索欲望，实现寓教于乐的目标，让学生在快乐中学习，体验运动的乐趣。

练习三：教学竞赛制体能练习。

◎分组与规则：同样采用三人一组的形式，依据教师指令依次开始比赛。

◎评价标准：以完成任务所需时间作为排名依据，时间短者获胜。

◎目标：通过竞争的方式提高学生的积极性，促进其内在动力的发展。

【教学效果】

本次课堂通过情景嵌入式游戏竞赛，成功实现知识学习与实践应用的深度融合。这种教学形式充分激发了学生的好奇心与好胜心。教学过程中，全体学生参与积极、兴趣浓厚。分组竞赛检验结果显示，90% 以上的学生能熟练掌握定向运动基本找点技术的理论与方法，并在实践中灵活运用。此外，分组竞赛教学有效培养了学生的团队协作、领导能力及临场应变等综合素养，同时促进了同学间的情感交流，发挥了体能锻炼的作用。课堂实现了劳逸结合、智力与体力协同发展，充分体现了"以学生为中心、产出导向、持续改进"的OBE教学理念。

【场地器材】

场地：篮球场一个。

器材：点标旗10面、卡通印章10个、图10张、打卡纸60张。

【注意事项】

1. 打卡顺序要求：学生须按"寻宝图"标注的顺序依次完成印章打卡，否则成绩无效。

2. 比赛秩序规范：练习过程中，各组成员不得干扰他人正常比赛。

3. 器材保护要求：严禁损坏点标、印章等比赛物品。

4. 违规行为界定：未通过全部检查点却伪造点签图案者，将被判定为违规。

5. 公平竞赛原则：参与者不得接受或提供任何形式的协助，包括但不限于指路、协助寻找点标或代打卡等行为。